Ln²⁷ 1373.   (Réserve)

HOMMAGE

A·LA

MÉMOIRE

de Madame la Maréchale de
Beauvau.

*Imprimé par Madame de LUYNES née
MONTMORENCY.*

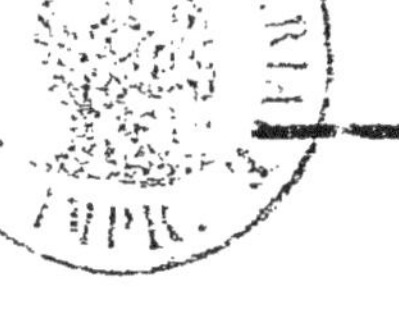

A DAMPIERRE.

1807.

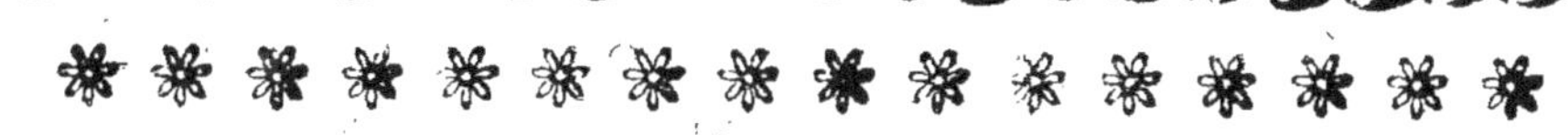

HOMMAGE

A LA

MÉMOIRE

de Mme la Maréchale de Beauvau.

MADAME la Maréchale de Beauvau, née Rohan Chabot, est morte le 26 Mars, 1807, dans la soixante-dix-huitième année de son âge, laissant de précieux souvenirs et de longs regrets.

Sa premiere éducation avoit été confiée aux Dames Bénédictines de Bonsecours qui, aussi long-temps que la maison a subsisté, se sont glorifiées de leur élève. Le célèbre Monsieur Rollin, ami des parens de Madame la Maréchale de Beauvau, eut aussi quelque part à son instruction, et le plaisir qu'elle avoit, jusques

A 2

dans ses dernières années , à se rappeller les soins et les leçons d'un sage également propre à former le cœur et l'esprit , étoit , à lui seul, une preuve qu'elle en avoit doublement profité.

Les plus brillans succès l'attendoient à son entrée dans le monde ; une grâce enchanteresse , une physionomie qui pouvoit effacer les plus parfaites beautés , un son de voix qui prêtoit de l'interêt à ses moindres paroles , une imagination vive , une conception prompte , des idées justes , des pensées sûres , des saillies heureuses , une gaieté entraînante , mais à laquelle un sentiment inné des convenances imposoit toujours de secrètes limites.

C'étoit plus qu'il n'en falloit pour plaire généralement ; trop peut-être pour se faire généralement aimer ; mais à ce qui excite l'envie, elle joignoit ce qui la désarme ; et comment en concevoir contre une jeune personne , douce , franche , sensible , dont le cœur au premier abord attiroit , et promettoit la confiance ; qui trouvoit autant de plaisir à louer que d'autres à critiquer ; qui n'étoit ambitieuse que du suffrage des personnes les plus respectées ; et qui paroissoit trouver dans la société les agrémens qu'elle y répandoit. Aussi fut-elle bientôt placée , de l'aveu même des femmes , au premier rang des plus aimables d'entr'elles ; mais à mesure qu'elle se faisoit mieux connoître, on jugeoit qu'elle seroit plus qu'aimable ; et ses qualités présageoient ses vertus.

Deux mots suffisent pour donner une idée juste de son caractère : lumière, et bonté ; l'une mettoit soudain à sa portée les objets auxquels on l'auroit crue, auxquels elle se croyoit elle-même le plus étrangère ; l'autre l'interessoit naturellement à tout ce qui l'entouroit, à tout ce qui l'approchoit, à tout ce qui l'invoquoit, et lui faisoit un besoin impérieux du bien qui étoit en son pouvoir. Ce pouvoir, pour n'être point apparent, n'en étoit que plus réel, et tenoit à ce don de persuasion qui fut toujours son attribut particulier, et qu'elle devoit autant à sa raison qu'à sa grâce, cet ascendant enchanteur que sans étude, sans projet, sans orgueil, elle exerçoit sur tous les esprits, particulierement les plus distingués, et toujours à l'honneur de ceux qui avoient assez de lumières pour s'y abandonner.

Elle avoit été mariée, de bonne heure, à Monsieur de Clermont, dont les excellentes qualités méritoient toute son estime ; mais dont l'âge avancé n'imposoit à sa jeune femme d'autre devoir, que de l'honorer comme un père, et de répandre la sérénité sur le déclin de sa vie ; elle fit plus cependant, et dans un procès injuste où la calomnie avoit tenté de compromettre l'honneur de cet homme respectable, Madame de Clermont peu contente des Avocats, prend en secret la Plume, expose les faits, ramène les esprits, éclaire les juges, l'emporte tout d'une voix, et son mari, sans le savoir, devenu son client, triomphe doublement, en connoissant la main qui l'a défendu.

Son cœur voué presqu'en naissant à l'amitié, lui en fit connoître mieux que personne toutes les douceurs et tous les devoirs. Égallement digne et capable des plus durables attachemens, elle eut de bonne heure de vrais amis, elle sut toujours les conserver, elle put toujours en acquérir sans que jamais ses nouvelles affections aient refroidi les anciennes. Entre les liaisons intimes dont elle aimoit à s'applaudir, je me permets de citer ici l'heureux choix de sa première enfance, et le choix délicat de son âge plus mûr, Madame la Duchesse Douairière D'Aremberg, et Madame la Comtesse de Tessé, entre lesqu'elles elle a passé sa vie, tous les jours plus aimable, et tous les jours plus aimée.

Mais un sentiment plus impérieux et plus exclusif étoit réservé à un second époux que le destin lui devait, à Monsieur le Maréchal de Beauvau, ce noble modèle des hommes du monde et des hommes de bien, qui trouva, dans cette compagne désirée, la récompense de son mérite,

l'ornement de sa prospérité, la consolation de
ses chagrins ; alors les intérêts, les affections,
les opinions, les penchans, les fantaisies mê-
mes, entr'eux tout devint commun ; c'étoit la même passion pour la justice, pour l'honneur pour
l'ordre, pour la vérité ; c'étoit la même délica-
tesse, la même indulgence, le même empres-
sement à secourir le malheur, le même plaisir
à honorer le mérite ; ils sembloient se disputer
à qui des deux aimoit le plus la campagne, qui
des deux savoit mieux en sentir les beautés,
plaisir qui n'appartient qu'aux belles âmes, et
sur qui, la nature au milieu du tumulte du
monde, a conservé ses premiers droits Il en
étoit de même entr'eux de leur goût pour la retraite ; c'est la passion du sage, ce goût qu'on
sent plus rarement qu'on ne l'affecte, prouve
du moins qu'on est en paix avec soi, et il donne un nouveau prix à ce qu'on fait pour le monde, en montrant qu'on peut se passer de lui.
Il en étoit encore de même de cette estime pro-
fonde, de cet attrait particulier pour les premiers hommes de notre littérature, dont à l'envie l'un de l'autre, ils cultivoient l'amitié, si-
gne incontestable d'un esprit qui cherche son
niveau, et d'un intérieur qui ne craint pas les
regards des plus clair-voyans. Heureux époux !
chacun de vous étoit l'étude et l'orgueil de l'au-

tre, et vos âmes toujours en présence, assimi-
lées à la longue par la complaisance, la confiance, et la plus délicieuse habitude, ne conser-
voient d'autre différence que celle d'où résulte
un plus parfait accord : aussi votre union, d'année en année plus intime offroit-elle un modèle
bien intéressant à contempler ; mais bien dif-
ficile à suivre parce qu'on n'auroit pu vous imi-
ter qu'en vous ressemblant.

Mais quand cet époux, si justement adoré,
l'eut précédée dans la tombe, où elle étoit pressée de le joindre, Madame la Maréchale de
Beauvau sembla se consacrer à sa mémoire encore plus particulièrement, s'il est possible,
qu'elle n'avoit fait à sa personne ; alors son
existence ne se composa plus que de souvenirs,
de regrets, et d'une attente, presqu'aussi con-
solante pour elle, qu'elle étoit affligeante pour
nous ; alors, dis-je, elle s'attacha plus que jamais à la touchante pensée que les âmes, les
belles âmes surtout, sont immortelles, que
la vertu doit tôt ou tard être heureuse ; qu'il
y a un monde meilleur, où les amis ne se quit-
teront plus ; et cette espérance, portée dans Madame la Maréchale de Beauvau jusqu'à l'impa-
tience, entretenoit, au fond de son cœur, le seul
intérêt contraire aux nôtres qu'elle ait jamais
écouté.

D'autres

D'autres tablaux vont désormais être offerts à nos regards ; ce ne sera plus celle qui dans sa jeunesse avoit été l'âme et les délices des plus brillantes sociétés , et dont plus d'une province avoit depuis applaudi la dignité , l'aménité , la noble modestie , la scrupuleuse politesse dans l'éclat de la plus haute représentation : ce ne sera plus celle qui dans les jours sereins , comme dans les orages de la cour , avoit donné la belle leçon d'aspirer surtout à la considération publique , et de préférer l'estime du souverain à sa faveur ; ce ne sera plus même celle qui , dans le commerce intime des premiers personnages de l'état , s'étoit vue plus d'une fois , sans y avoir jamais prétendu , écoutée , consultée même comme un oracle pour avoir laissé entrevoir tout ce que les grâces et la reserve de son sexe pouvoient , en beaucoup d'occasions , voiler de supériorité. Non , tout est changé ; notre attention se fixera désormais sur une femme , vouée pour la vie à une retraite qu'elle ne trouvera jamais assez obscure , et se refusant autant qu'elle le pourra aux empressemens d'un monde qui ne la perdra point de vue. Nous verrons une personne abattue par la tristesse , et détachée de la vie ; mais prodiguant les plus tendres soins à un frere , si digne d'une telle sœur , et qu'elle veut au moins conserver à ceux qui la perdront. Nous

B

la verrons s'entretenant de l'objet toujours pré
sent à sa pensée entre une belle sœur et un
belle fille qui pleurent aujourd'hui, en elle
la première, une vraie sœur, l'autre une vrai
mère, et se dérobant de temps à autre, mêm
à leurs regards, comme pour se rapprocher en
core plus de celui qu'elle chercheroit en vai
dans le monde... Nous n'éxagérons rien, et
quelques heures près que ses anciens amis ob
tenoient de sa complaisance, voilà comme ell
attendoit le moment que nous redoutions. Hé
las ! c'est dans ces derniers temps surtout, dan
ses heures précieuses, dont la mélancolie faisoi
le sacrifice à l'amitié, que plusieurs d'entre nou
ont eu, dirai-je, le bonheur ou le malheur
de la voir plus souvent et de plus près, et qu
nous l'avions tous le plus admirée ! C'est alors qu
ceux qui furent de tout temps le plus à portée d
lire dans cette belle âme, connurent jusqu'o
peut se porter une raison continuellement occu
pée à rendre sa lumière plus vive et plus sûre
jusqu'ou peut s'élever une vertu observatric
d'elle-même, et toujours épurée à son propr
foyer. J'ai dit que tout étoit changé autour d
Madame la Maréchale de Beauvau ; mais Mada
me la Maréchale de Beauvau ne l'étoit pas
mais fidele à son premier caractère, les capric
de la fortune, les vicissitudes de la destinée

n'ont fait que la montrer constamment la même dans de nouvelles positions, souvent avec un nouvel avantage ; car le vrai mérite est comme la vraie beauté, à qui tout sert de parure ; on eût dit que son cœur en étoit devenu plus sensible, son courage plus ferme, sa raison plus lumineuse, sa grâce plus touchante. . . . L'âge même sembloit lui avoir moins enlevé que donné ; en effet pour qui s'est exercé de longue main, ainsi que Madame la Maréchale de Beauvau, à ne priser les choses qui passent que ce qu'elles valent ? Pour qui a surtout désiré d'acquérir ce que le temps n'altère point ? Pour qui s'est toujours efforcé d'être meilleur le lendemain que la vieille ? Les plus belles années de la vie ne sont pas plus à regretter dans la vieillesse qu'un sage cultivateur ne regrette les fleurs du printemps au milieu des trésors de la moisson.

Rappellerai-je ici ces conversations si attachantes dont on aimoit tant à lui voir faire les frais ? où l'instruction, l'expérience, le bon esprit, le bon goût, cette élégance facile appropriée à tous les genres, dont les femmes ont plus que nous le secret ; cette juste mesure qui donne à tout sa place, et qui ajoute tant de prix à ce qui en a, frappoient les esprits les plus simples, étonnoient les plus exercés ; réunions trop courtes et trop rares, où

les plus empressés d'occuper les autres, trou-
voient encore plus de plaisir à s'occuper d'elle,
et ne parloient qu'autant qu'il le falloit pour avoir
plus à écouter. Peindrai-je un cercle toujours
grossissant d'amis et d'admirateurs, à chaque fois
plus pressés autour d'une femme dépouillée de
tous les avantages de la jeunesse, de la fortune,
du crédit, triomphe remarquable ! où tout ce
qui paroissoit à la gloire de l'une, étoit en même temps à l'honneur des autres ? Peindrai-je,
au delà du cercle de la société habituelle, cette
vénération générale dont nous aimons à la voir
environnée, hommage désintéressé que la renom-
mée commande à l'inconnu ; et la fidélité em-
pressée de ses bons serviteurs, prix si doux pour
elle de ses vertus domestiques ; et l'ordre agréa-
ble qu'elle se plaisoit à faire régner autour d'elle, image de celui qu'elle avoit su mettre dans
ses pensées ? Peindrai-je cette affabilité qui en-
courageoit les plus timides, et en même temps
cette dignité facile qui ne faisoit qu'ajouter le
lien du respect à celui de l'affection, et ces atten-
tions délicates, et ces égards appropriés à toutes
les circonstances dont les nuances n'étoient a-
perçues que par ceux qui devoient en être flat-
tés, et cette magie des manières qui, sans trom-
per jamais personne, contentoit presqu'également
tout le monde ?

« Non, je parlerois trop pour dire trop peu ;
des idées plus imposantes et plus douloureuses
s'emparent en ce moment de mon esprit. Hélas,
tous ces dons si rares, ce charme, ces grâces de
tous les momens, de tous les âges, qui nous
ravissoient dans Madame la Maréchale de Beauvau, étoient nés avec elle, ils ont disparu avec
elle ! Mais le bien qu'elle a fait, les exemples
qu'elle a donnés, les secrets que sa mort a ré-
vélés lui survivent. C'est peu de l'abattement de
sa famille, de la consternation de ses amis, des
regrets des hommes de bien qui ont pu l'appro-
cher, et des hommes éclairés qui ont pu la ju-
ger. Rappellons-nous ce que nous venons de
voir, ce que nous venons d'entendre, ce tris-
te concours de tous ces hommes inconnus entr'eux qui venoient mouiller, de vraies larmes, le
cercueil de leur commune bienfaitrice, et la
désolation de tant de malheureux qu'à l'insçu
de ses confidens les plus intimes, elle n'avoit ces-
sé de secourir des foibles débris de son ancienne
opulence, et cette attendrissante émulation de
toutes les classes de la société, qui dans Saint-
Germain, se précipitoient au devant de son
convoi, et ces témoignages à jamais glorieux
que, dans ce lieu-même, lui rendent à l'envi
un digne Pasteur au nom de ses pauvres, un
Magistrat distingué au nom de ses concitoyens,

et ces honneurs spontanés qu'elle vient de recevoir sur le seuil de sa dernière demeure. Oui, ce spectacle à la fois déchirant et consolant, ce concert de regrets et de bénédictions pour jamais présent à beaucoup de souvenirs, me dispense de rien ajouter à son éloge, et ma voix se perd dans la foule des voix gémissantes qui retentiront long-temps autour de ce tombeau.

[illegible]
[illegible]
[illegible]
[illegible]
[illegible]
[illegible]
[illegible]

[illegible]